BEI GRIN MACHT SICH IHR WISSEN BEZAHLT

- Wir veröffentlichen Ihre Hausarbeit,
  Bachelor- und Masterarbeit

- Ihr eigenes eBook und Buch -
  weltweit in allen wichtigen Shops

- Verdienen Sie an jedem Verkauf

Jetzt bei www.GRIN.com hochladen
und kostenlos publizieren

Emotionen, Motivation und Volition

Mevhibe Dülger

Bibliografische Information der Deutschen Nationalbibliothek:

Die Deutsche Nationalbibliothek verzeichnet diese Publikation in der Deutschen Nationalbibliografie; detaillierte bibliografische Daten sind im Internet über http://dnb.d-nb.de abrufbar.

ISBN: 9783346734327
Dieses Buch ist auch als E-Book erhältlich.

Druck und Bindung: Books on Demand GmbH, Norderstedt Germany
Gedruckt auf säurefreiem Papier aus verantwortungsvollen Quellen

Das vorliegende Werk wurde sorgfältig erarbeitet. Dennoch übernehmen Autoren und Verlag für die Richtigkeit von Angaben, Hinweisen, Links und Ratschlägen sowie eventuelle Druckfehler keine Haftung.

Das Buch bei GRIN: https://www.grin.com/document/1278923

Einsendeaufgabe

Allgemeine Psychologie II

Abgegeben am 13.08.2022

SRH Fernhochschule

Modul: Allgemeine Psychologie II

Studiengang: B. Sc. Psychologie

Von

Mevhibe Dülger

Studiengang: Psychologie

Inhalt

Aufgabe 1

Definition von Emotionen

Die Emotionspsychologie ist ein noch neu erforschtes Gebiet. Da der Begriff Emotion erst vor ungefähr 200 Jahren in Wissenschaftstexten auftauchte, gibt es noch immer keine allgemein akzeptierte Definition von Emotionen. Sogar unter führenden Emotionsforscher*innen gibt es immer noch keinen Konsens in den Definitionen. Fehr und Russel meinten schon 1984: „Everyone knows what an emotion is until one is asked to give a definition. Then, it seems, no one knows." Doch trotzdem muss der Emotionsbegriff definiert und charakterisiert werden, damit sie von Begriffen wie Stimmung, Motivation, Affekt usw. abgegrenzt werden kann. (Lay, 2016, S. 188)

„Emotionen haben subjektive erfahrbare und objektive erfassbare Komponenten, die zielgerichtetes Verhalten begleiten bzw. fördern, das dem Organismus eine Anpassung an seine Lebensbedingungen ermöglicht." (Brandstätter, Schüler, Puca & Lozo, 2018, S. 164) Eine andere Definition besagt: „Emotion zeigt sich als eine Reaktion des ganzen Organismus und umfasst (1) physiologische Erregung, (2) bewusstes kognitives Erleben und (3) Ausdrucksverhalten." (Becker-Carus & Wendt, 2016, S. 541) Das bedeutet Emotionen können auf drei Hauptebenen beobachtet werden:

1. Physiologische Ebene: Sie umfasst die körperlich-physiologischen Veränderungen (wie hormonale, viszerale Erregungen).

2. Kognitive Ebene: Sie bezeichnet den Bereich des eigenen (subjektiven) psychologischen Erlebens, einschließlich der kognitiven Interpretation des Erlebens (wie Angstgefühle).

3. Motorische Ebene: Sie umfasst den Bereich des offenen Verhaltens und Ausdrucks einschließlich der Tendenz zum Handeln (wie Weinen, Lächeln, Angstausrufe). In aktuellen Ansätzen wird diese Ebene weiter differenziert in: (a) behavioral, und (b) expressiv. (Becker-Carus & Wendt, 2016, S. 540)

Die physiologische Komponente zeigt sich in einer allgemeinen Anspannung oder einem Erregungszustand, welches sich je nach emotionalem Zustand ändert (z.B. Herzrate, Muskeltonus). Beim Erleben von Emotionen aktivieren sich kortikale als auch subkortikale Areale im zentralen Nervensystem (der präfrontale Kortex und die Amygdala). (Wild & Möller, 2020, S. 212)

Emotionen haben auch eine kognitive Komponente. Sie beeinflussen kognitive Funktionen, indem sie die Aufmerksamkeit auf emotional bedeutsame Ereignisse lenken, kognitive Ressourcen für die Bewältigung einer Situation beanspruchen und die Zugänglichkeit von Informationen im Gedächtnis selektiv beeinflussen. Somit können sich Emotionen auf die kognitive Leistung entweder günstig oder ungünstig auswirken. Kognitive Vorgänge können aber auch das emotionale Erleben einer Situation beeinflussen. Hier dienen kognitive Vorgänge der Beurteilung und Zuschreibung der situativen Bedingungen auf bestimmte Emotionen. (Lay, 2016, S. 189)

Die motorische Ebene umfasst die expressive und die motivationale Komponente von Emotionen. Durch das Erleben von Emotionen entstehen bestimmte Motivationen und Handlungsbereitschaften, d.h. Emotionen lösen bestimmte motivationale Zustände und Verhalten aus. Die expressive Komponente ist der Emotionsausdruck, welches sich in Mimik, Haltung und der Stimme einer Person zeigt. Der Emotionsausdruck im Gesicht wurde detailliert untersucht. Der mimische Ausdruck von Basisemotionen, wie Furcht, Ärger, Überraschung, Freude, Traurigkeit und Ekel ist allgemeingültig, kulturübergreifend und angeboren. (Lay, 2016, S. 190)

Emotionen werden zudem in zwei zentralen Ansätzen erklärt: dimensionale und kategorialer Ansatz. Die Eigenschaften von Emotionen werden am häufigsten in zwei Dimensionen gruppiert. Die Valenzdimension unterscheidet, ob eine Emotion positiv oder negativ beziehungsweise angenehm oder unangenehm ist. Die Dimension Aktivierung/Erregung unterscheidet jedoch, ob eine niedrige oder hohe Aktivierung vorhanden ist. Der kategoriale Ansatz unterscheidet wiederum zwischen einer Vielzahl an qualitativ unterschiedlichen Emotionen. Im Gegensatz zum dimensionalen Ansatz wird hier erklärt, dass es zwischen Emotionszuständen phänomenologisch große Unterschiede gibt. (Wild & Möller, 2020, S. 213)

Entstehung von Emotionen

Viele Studien zeigen auf, dass Emotionen sowohl in außergewöhnlichen Situationen wie zum Beispiel bei kritischen Lebensereignissen, Unfällen oder bei Naturkatastrophen erscheinen, als auch bei alltäglichen Ereignissen, die weniger spektakulär sind. Somit entstehen positive oder negative Emotionen nicht nur bei großen Ereignissen, sondern auch bei kleinen Begebenheiten. Man kann sich zum Beispiel vor einer unsauberen Dusche in einem Hotel ekeln oder sich bei dem Anblick einer schönen Landschaft erfreuen. Am häufigsten erscheinen positive oder negative Emotionen durch die Interaktion mit anderen Menschen, beispielsweise beim Knüpfen und Pflegen oder den Verlust sozialer Beziehungen. (Brandstätter et al., 2018, S. 173)

Emotionen entstehen nicht nur durch äußere Situationen oder Ereignissen, sondern können auch beabsichtigt oder unbeabsichtigt durch Gedanken oder bestimmten Tätigkeiten herbeigeführt werden. Deshalb können Emotionen auch unabhängig von der aktuellen Situation erlebt werden, d.h. die gefühlte Emotion passt nicht zu der Situation. In einer negativen Situation könnte man zum Beispiel mithilfe von Gedanken an vergangene oder zukünftige positive Situationen, die aktuell gefühlte Emotion positiv beeinflussen. (Brandstätter et al., 2018, S. 173)

Emotionen können auch durch die Einnahme verschiedener Substanzen, Nahrungsmittel, Alkohol, Drogen oder Medikamenten ausgelöst werden. Vor allem Substanzen, die den Dopaminstoffwechsel beeinflussen haben eine größere Wirkung auf Emotionen. Da Dopamin ein Belohnungsstoff ist, führt der Konsum von Substanzen, die zu einer vermehrten Dopaminausschüttung führen zu positiven Emotionen. Wird die Dopaminaufnahme jedoch blockiert resultiert das mit einer Reduktion positiver Emotionen. (Brandstätter et al., 2018, S. 173–174)

Im Weiteren wird die Entstehung von Emotionen anhand von verschiedenen emotionspsychologischen Ansätzen erklärt. Im Fokus des evolutionsbiologischen Ansatzes steht die Grundannahme, dass Emotionen angeboren und genetisch veranlagt sind. Hierbei sind Emotionen wertvoll für das individuelle Überleben und das Überleben einer Art. Diese Theorie wurde von Charles Darwin beeinflusst. Der mimische Ausdruck jedes Menschen ist von Geburt aus vorhanden und hat sich im Laufe der Evolution durch die kontinuierliche, millionenfache Auseinandersetzung unserer Spezies mit den Anforderungen der Umwelt als adaptive Reaktion weiterentwickelt. Das Emotionserleben trägt dem Überleben bei, indem Verhaltensweisen, die zur Selbst- und der Arterhaltung dienen mit positiven Emotionen verknüpft werden und Verhaltensweisen, die dem Überleben schaden mit negativen Emotionen gekoppelt sind. Somit werden vorteilhaften Emotionen weitervererbt. (Brandstätter et al., 2018, S. 204–205)

Der behavioristische Ansatz erklärt Lernerfahrungen als Emotionsauslöser. Hier geht es darum welche Emotionen durch welche Reize erlernt und aufrechterhalten werden. dabei ist die subjektive Komponente von Emotionen irrelevant und es werden nur objektiv beobachtbare Ursachen für Emotionen erforscht. Für Lerntheoretiker sind Emotionen eine Abfolge konditionierter Reaktionen, d.h. Emotionen werden durch die klassische Konditionierung erlernt und durch die operante Konditionierung aufrechterhalten. (Brandstätter et al., 2018, S. 206–207)

Im Fokus der psychophysiologischen Emotionstheorien sind zentral- und periphernervöse Prozesse. Das zentrale Nervensystem besteht aus dem Gehirn und dem Rückenmark. Das periphere Nervensystem sind Strukturen, wie zum Beispiel Eingeweide, das Herz-Kreislauf-System und die Muskulatur. (Brandstätter et al., 2018, S. 209) Eines dieser Theorien ist die James-Lange-Theorie. Die Emotionsentstehung laut dieser Theorie beruht auf zwei Annahmen. Zum einen löst ein emotionales Ereignis eine körperliche Veränderung aus, wie zum Beispiel beschleunigter Herzschlag oder Schwitzen. Des Weiteren werden diese körperlichen Veränderungen von der Person als eine Emotion wahrgenommen. (Lay, 2016, S. 205) Das bedeutet, das auf einen emotionsauslösenden Reiz eine körperliche Veränderung folgt und erst später das emotionale Erleben entsteht. Diese Annahme wurde jedoch empirisch widerlegt. (Brandstätter et al., 2018, S. 209)

Durch die Kritik an die James-Lange-Theorie formulierte Cannon eine alternative Theorie. Cannon kritisiert das nicht für jedes emotionale Erleben eine körperliche

Veränderung zuzuordnen ist. (Brandstätter et al., 2018, S. 210) Infolgedessen wurde die Cannon-Bard-Theorie erfasst. Hier ist das Zentrum der Emotionsentstehung im Thalamus-Hypothalamus-Gebiet im Gehirn. Sinnesreize werden dem Kortex und gleichzeitig zu den Eingeweiden signalisiert. Einerseits kommt es im Kortex zur Auslösung des emotionalen Erlebens, andererseits werden neuronale Impulse zu den Skelettmuskeln und den Eingeweiden gesendet, um den körperlichen Ausdruck der Emotionen hervorzurufen. Dies geschieht zeitgleich. (Becker-Carus & Wendt, 2016, S. 544)

Umgang und Regulation von Emotionen im beruflichen Alltag und Emotionsarbeit

Emotionen regulieren das Verhalten und das Erleben einer Person, aber Emotionen können auch selbst reguliert werden, welches Emotionsregulation bedeutet. Alle Möglichkeiten, Emotionen zu beeinflussen, d.h. welche Emotionen, wann und wie erlebt und ausgedrückt werden, wird als Emotionsregulation bezeichnet. (Lay, 2016, S. 212)

Das Ziel der Emotionsregulation ist die Maximierung von Lust (positive Emotionen) und die Vermeidung von Unlust (negativen Emotionen). Es gibt unterschiedliche Strategien emotionale Reaktionen zu verändern:

1. Situationsauswahl: In den emotionsauslösenden Situationen strategisch aufgesucht oder vermieden werden, kann die Person das Auftreten von bestimmten Emotionen steuern.

2. Situationsmodifikation: Damit emotionale Situationen den eigenen Wünschen und Bedürfnissen besser entsprechen, können sie aktiv verändert werden.

3. Aufmerksamkeitskontrolle: Das Lenken der Aufmerksamkeit auf nichtemotionale Aspekte einer Situation oder auf irrelevante Reize (Ablenkung) oder das Richten der Aufmerksamkeit auf emotionale Aspekte einer Situation, können emotionale Reaktionen verstärken oder abschwächen.

4. Kognitive Umbewertung: das emotionale Ereignis wird kognitiv umgewertet. Andere Strategien, die in diese Kategorie hineingehören sind Neubewertungen, günstige Attributionen, Abwehrmechanismen, wie Verdrängung, Leugnung und Intellektualisierung.

5. Reaktionskontrolle: Die emotionale Reaktion wird bewusst und willentlich verstärkt oder unterdrückt. (Lay, 2016, S. 213)

Der Zweck der Emotionsregulation wird mit drei Motivtypen erklärt. „Impression Management" wird eingesetzt, um den Eindruck des Interaktionspartners m positiven zu beeinflussen. Als Zweites wird durch die Regulation beabsichtigt anderen Menschen nicht zu schaden, sie zu beschützen oder sie zufriedenzustellen (prosoziales Verhalten). Als Drittes werden das Manipulieren und Beeinflussen anderer Personen intendiert, um so soziale Kontrolle zu erlangen. (Brandstätter et al., 2018, S. 224)

Damit der Emotionsregulationsprozess erfolgreich wird gibt es Voraussetzungen. Zum einen braucht die Person Emotionswissen. Damit wird das umfangreiche und differenzierte Wissen über Emotionen, diese gut zu erkenn, sie voneinander unterscheiden können und ihren sozialen Effekt antizipieren zu können gemeint. Es darf keine Diskrepanz zwischen erlebten und antizipierten Emotionen und der situational angemessenen emotionalen Reaktion geben. Andererseits ist das Verständnis über herrschende Normen. Regeln darüber wie man sich in einem bestimmten Kontext fühlen und ausdrücken soll müssen ebenso in Kenntnis genommen werden. Diese Regeln können soziale, geschlechtsbezogene, kulturspezifische oder arbeitsbezogene Normen sein. (Brandstätter et al., 2018, S. 224–225)

Arbeitsbezogene Normen sind bei der Emotionsregulation in vielen Berufen essenziell. Emotionsregulation ist in manchen Berufen eine klare Arbeitsanforderung und ist sogar verknüpft mit dem Erfolg in diesem Job. Je nachdem ob die Regulation gelingt oder scheitert, kann es zu positiven oder negativen Konsequenzen kommen, wie z.B. eine Beförderung oder eine Kündigung. (Brandstätter et al., 2018, S. 226)

Hochschild (1983) prägte den Begriff Emotionsarbeit im Zusammenhang mit der Emotionsregulation im Arbeitskontext. Sie beschreibt Emotionsarbeit als: „ the management of feeling to create publicly observable and bodily display […] for a wage" (Schulz & Schöllgen, 2017, S. 27) Emotionen sollen willentlich und bewusst herbeigeführt oder unterdrückt werden, um eine bestimmte Auswirkung auf den Interaktionspartner zu haben. Eine Flugbegleiterin wird zum Beispiel gezielt trainiert, auch in unangenehmen Situationen oder auch wenn der Kunde noch so unfreundlich auftritt, immer sehr nett und höflich entgegenzukommen. Im Gegenteil dazu müssen Polizisten weniger positive Emotionen zeigen und müssen ihren Ärger ausdrücken, um als Autoritätsperson erscheinen zu können. (Brandstätter et al., 2018, S. 226)

Emotionsarbeit setzt sich zusammen aus Darstellungsregeln sowie der Häufigkeit, Dauer und Variabilität des geforderten Emotionsausdrucks. Welche Emotionen in bestimmten Situationen angemessen sind und wie sie ausgedrückt werden sollen wird durch Darstellungsregeln spezifiziert. Ebenso wird das Zeigen positiver oder negativer Emotionen oder das Unterdrücken der Emotionen vorgegeben. Diese unterschiedlichen Anforderungen werden auch kombiniert verlangt. Diese Regeln werden entweder implizit wahrgenommen oder explizit durch den Arbeitgeber mittels Handbücher oder Schulungen vorgegeben. (Schulz & Schöllgen, 2017, S. 27)

Hochschild beschreibt zwei mögliche Emotionsregulationsstrategien, um diese Regeln erfolgreich auszuüben: Surface acting (Oberflächenhandeln) und Deep acting (Tiefenhandeln). Surface acting bezeichnet das Äußere darstellen erwünschter Emotionen unabhängig von eigenen erlebten Gefühlen. Dies gelingt zum Beispiel durch die Anpassung von Mimik und Gestik. Deep acting bedeutet das Verändern des Gefühlserlebens in Richtung der wahrgenommenen Vorgaben. Das ist durch kognitive Uminterpretation möglich. (Schulz & Schöllgen, 2017, S. 27) Wenn eine Verkäuferin sich über das unhöfliche Verhalten des Kunden ärgert aber trotzdem lächeln würde ist das Surface acting. Würde sie sich jedoch nicht ärgern und es als Teil ihrer Arbeit sehen ist das Deep acting. (Brandstätter et al., 2018, S. 227)

Häufigeres Surface Acting steht im Zusammenhang mit geringerer Arbeitszufriedenheit und hat ebenso als Folge emotionale Erschöpfung und Depersonalisation, was dann zu einer höheren Ausprägung der Burnout-Facetten führen kann. Desgleichen kann auch eine Beeinträchtigung des körperlichen Wohlbefindens eintreten. Deep Acting resultiert in einer reduzierten Leistungsfähigkeit. Weitere Zusammenhänge sind wenig konsistent und oftmals nicht vorhanden. (Schulz & Schöllgen, 2017, S. 27)

Aufgabe 2

Methoden zur Messung von Emotionen

Das emotionale Erleben jedes Menschen ist subjektiv, deswegen ist es oftmals nicht sehr leicht Emotionen zu messen. Es gibt jedoch trotzdem Messmethoden, die ihre Stärken und Schwächen haben. Im Folgenden werden diese Messmethoden mit ihren Vor- und Nachteilen aufgeführt. (Schmidt-Atzert, Peper & Stemmler, 2014, S. 72)

Zum einen gibt es die Interviewtechnik. Das Interview wird oftmals im beruflichen Kontext, wie zum Beispiel von Psychologen genutzt. Damit man die Gefühle des Klienten beim Erstkontakt ermitteln kann, wird im Gespräch die Gefühlslage abgefragt. Diese Fragen können beispielsweise „Was haben Sie in dieser Situation empfunden?" oder „Bei welchen Gelegenheiten erleben Sie starke Angst?" sein. Vorteil dieser Methode ist, dass sie in bestimmten Situationen angemessen ist. Ist eine Person sprachlich oder kognitiv eingeschränkt, dann ist ein Interview von Vorteil, beispielsweise bei jüngeren Kindern, Immigranten oder Menschen mit schweren psychischen Störungen. Es ist auch unethisch oder sozial unangemessen einer Person einen Fragebogen vorzulegen, die zum Beispiel Opfer eines schweren Verbrechens geworden sind oder vor kurzem einen Suizidversuch begangen haben. Ein Problem dieser Methode ist jedoch, das ist die Auswertung und Interpretation schwer zu standardisieren ist. Fragen müssen sorgfältig ausarbeitet, die Interviewer und die Auswerter müssen geschult werden, was dann eher unökonomisch ist. (Schmidt-Atzert et al., 2014, S. 72–74)

Eine weitere Methode ist die Tagebuchmethode. Die erlebten Emotionen im Alltag und deren Umstände werden wiederholt protokolliert. Somit werden Emotionen, die in einer natürlichen Umgebung erlebt werden, zeitnah registriert.

Sie können jedoch auch retrospektiv erfasst werden, eventuell am Ende eines Tages. Tagebücher können in Papierform gehalten werden, welches kostengünstig und nicht aufwendig ist. Ungünstig ist hier, dass man nicht kontrollieren kann, wann die Angaben gemacht worden sind, beispielsweise ob die Person 3 Tage auf einmal eingetragen hat. Die Auswertung und Interpretation ist ebenso nicht standardisierbar. Eine elektronische Form der Tagebuchmethode ist in diesem Fall mehr von Nutzen. Hier ist von Vorteil das ein selektives Erinnern der Emotionen verhindert wird und eine zeitnahe vollständige Rekonstruktion des ganzen Tages ermöglicht wird. Da die Fragen jedoch standardisiert sind, ist eine quantitative Auswertung möglich, was jedoch zeitaufwendig ist. Diese Methode ist jedoch sehr teuer und aufwendig und birgt die Gefahr, dass die elektronischen Geräte entweder defekt oder gar nicht zurückgegeben werden. (Schmidt-Atzert et al., 2014, S. 75–76)

Zeitstichproben (Time Sampling) ist eine weitere Möglichkeit Emotionen zu erfassen. Hier werden Emotionen in natürlicher Umgebung zu festen Zeiten aufgezeichnet. Diese Zeit kann entweder vorab festgelegt sein, dass der Proband in derselben Uhrzeit kontaktiert wird, oder der Zeitpunkt ist dem Probanden nicht bekannt, nur die Anzahl, wie oft er kontaktiert wird, wird ihm vermittelt. Der Proband wird entweder durch ein Signal auf dem Handy oder einem programmierten elektronischen Zeitgeber aufgefordert seine Gefühle, die momentane Umgebung und die aktuell ausgeführte Aktivität zu schildern. Da bei der Erfassung die Emotionen von der Zeit abhängig sind und nicht von einem Ereignis, kann unterschieden werden, ob eine Emotion von einem Ereignis oder einem Zustand ausgelöst wird. Ein Nachteil dieser Methode könnte sein, dass sie eventuell mit alltäglichen Aktivitäten, dem Beruf usw. interferiert oder als lästig erlebt werden kann. (Schmidt-Atzert et al., 2014, S. 77)

Eine weitere Messmethode ist mittels Ratingskala. Ratingskalen sind sehr einfach und praktisch. Dem Probanden wird ein Emotionswort, ein Begriff oder eine Frage, die die zu erfassen Emotionen betrifft vorgelegt. Daneben wird eine Skala vorgegeben, die die Valenz, die Erregung und die Häufigkeit, beispielsweise wie intensiv ein Gefühl ist oder wie oft es vorgekommen ist, misst. Dieses Vorgehen ist einfach zu konzipieren und ist für die Probanden unkompliziert und leicht zu verstehen. Weil die Begriffsbestimmung des Gefühls als auch die Antwortskalen sehr unterschiedlich konstruiert werden können, ist es schwer die passende Skala zu erstellen. Es entsteht die Problemstellung, welche Gefühlsbegriffe benutzt werden sollen, ob für die Valenzskala Begriffe wie gut und schlecht, angenehm und unangenehm oder positiv und negativ genutzt werden sollen oder direkt grafisch dargestellt werden sollen. Auch die Formulierung der Ausgangsfrage oder wie die Stufen der Antwortskala aussehen sollen, kann auch sehr unterschiedlich ausfallen. Wird die Nutzung der Ratingskala jedoch für einzelne Studien oder eine Therapiepraxis beschränkt, dann bestehen die aufgeführten Probleme nicht. (Schmidt-Atzert et al., 2014, S. 78–79)

Des Weiteren sind Fragebögen ebenso eine Methode zur Erfassung von Emotionen. Dieselben Probleme, die bei der Ratingskala auftauchen, erstellen bei der Fragebogentechnik genau dieselbe Problematik. Emotionsbegriffe können von jeder Person unterschiedlich gedeutet werden, deshalb bestehen Fragebögen aus mehreren gefühlsbeschreibenden Adjektiven oder Substantiven. Es werden ganze Wortfelder abgedeckt, in dem die Antworten auf einen Gesamtwert zusammengeführt werden. Wenn ein Fragebogen gut entwickelt ist, dann bestehen keine weiteren Probleme. Dabei können Fragebögen nach mehreren Gesichtspunkten unterschieden werden. Es wird unterschieden ob globale Dimensionen der Emotionen oder einzelne Gefühlsqualitäten erfasst werden, ob eine oder mehrere Emotionen, ob Emotionen oder Stimmungen untersucht werden und die Intensität oder Häufigkeit der Gefühle abgefragt werden. (Schmidt-Atzert et al., 2014, S. 80–81)

Zuletzt gibt es noch die Inhaltsanalyse als Messmethode. Diese Methode dient der Identifikation und das Ermitteln von Emotionen, die der Proband in Textform ausdrückt. Die Inhaltsanalyse ist eine Auswertung dieser Texte. Diese Texte können unterschiedlicher Art sein. Eine freie Beschreibung des eigenen Befindens auf eine Interviewfrage ist eines dieser Textarten. Des Weiteren gibt es spontane mündliche oder schriftliche Äußerungen. Mit spontan ist hier gemeint, dass die Person nicht direkt aufgefordert wird ihre Gefühle zu schildern, sondern von sich aus ihre Gefühle dokumentiert. Bücher, Zeitungsartikel und andere Schriftstücke sind ebenso relevant für die Inhaltsanalyse. (Schmidt-Atzert et al., 2014, S. 88) Ein Vorteil dieser Methode ist die Verfügbarkeit von Material zur Analyse. Jedes Schriftstück kann zur Analyse genutzt werden, sei es aktuell oder retrospektiv, aufgefordert oder unaufgefordert. Das kann jedoch gleichzeitig ein Problem darstellen. Wenn ein unaufgefordert geschriebener Text analysiert werden soll, aber das Thema der Äußerung nicht das emotionale Erleben der Person ist oder die Emotionen unvollständig beschrieben werden ist es ein Problem. Die Auswertung der Texte ist ebenfalls aufwendig. (Schmidt-Atzert et al., 2014, S. 73)

Probleme bei der Erfassung von Ereignissen und Emotionen

Bei der Erfassung von Ereignissen und die ausgelösten Emotionen kann es zu Problemen kommen, wie das Verfälschen durch Erinnerungen, Auslassen von Informationen, mangelnde Mitteilungsbereitschaft bei intimen Themen oder der Wunsch sozial unversehrt zu bleiben. Bei all den oben aufgeführten Methoden kann es zu unterschiedlichen Störfaktoren kommen. Die Voraussetzung für die Erfassung der tatsächlich erlebten Emotionen, ist die zeitnahe Protokollierung der Emotionen des Probanden. Hält der Proband sich jedoch nicht an die Instruktionen, wann er die gefühlten Emotionen aufzeichnen soll, dann sind die Ergebnisse nicht realitätsgemäß. (Schmidt-Atzert et al., 2014, S. 51)

Erinnerungs- und Urteilsfehler sind ebenfalls Störfaktoren bei der Erfassung. Ein Erinnerungsfehler beschreibt das „selektive Erinnern". Je mehr Zeit zwischen dem zu berichtenden Ereignis und den dazugehörigen Gefühlen und dem Bericht vergehen, desto wahrscheinlicher kommt es zu einer Erinnerungsverfälschung. Das geschieht vor allem bei retrospektiven Berichten. Dabei werden negative Gefühle und Ereignisse meist vielmehr vergessen als positive Ereignisse. Traumatische Ereignisse werden entweder komplett verdrängt und vergessen oder werden sehr genau erinnert. Wie man sich während des Erinnerns fühlt, hat auch einen Einfluss darüber, woran man sich erinnert. (Schmidt-Atzert et al., 2014, S. 51)

Ein Urteilsfehler ist die Fokussierungsillusion. Dieser Fehler entsteht vor allem in den Angaben zu den Gefühlen. Das Urteil über die zu beschreibenden Emotionen in einem zurückliegenden Zeitraum wird dadurch beeinflusst, worauf die Aufmerksamkeit aktuell gerichtet ist. Je nachdem worauf die Aufmerksamkeit gelenkt wird, ändert es die Wahrnehmung der Emotionen. (Schmidt-Atzert et al., 2014, S. 51)

Beste Messmethode

Je nachdem was die Forschungsfrage bzw. das Forschungsobjekt ist, ändert sich auch die Zweckmäßigkeit der Methode. Vorteilhaft für eine Methode wäre ein geringer Zeit- und Kostenaufwand. Das Interview ist dabei sehr aufwändig und ist nur dann nützlich, wenn der Proband sprachlich oder kognitiv eingeschränkt ist. Die Tagebuchmethode ist problematisch wegen des Erinnerungs- und Urteilsfehlers. Würde diese Methode jedoch elektronisch erfasst, könnte man diese Fehler vorbeugen, im Gegensatz zur Papierform. Dadurch das die Zeitstichprobe eine zeitnahe Aufzeichnung ist, kommt es zu keinen Erinnerungs- und Urteilsfehlern. Überdies muss der Proband nicht überlegen was protokollwürdig ist. Deshalb wird diese Methode als „Goldstandart" gesehen. Die Ratingskala ist einfach und unkompliziert, kann aber nicht mit anderen Skalen vergleicht werden. Werden Fragebögen unüberlegt entwickelt, weisen sie dieselben Probleme wie Ratingskalen auf. Falls der Fragebogen gut formuliert und entwickelt wird, ist diese Methode ebenfalls sehr vorteilhaft. Zusammenfassend kann gesagt werden, dass die Methoden Zeitstichprobe und Fragebogen, im Vergleich zu den anderen Methoden weniger Nachteile aufweisen und bei der Erfassung von Emotionen effektiver sind. (Schmidt-Atzert et al., 2014, S. 124–127)

Aufgabe 3

Das Rubikon-Modell und der Unterschied zwischen Motivation und Volition

Im Alltag gibt es immer Situationen, indem ein langfristiges Ziel, welches auf die Befriedigung zukünftiger Bedürfnisse ausgelegt ist, von aktuellen Motivationstendenzen und unmittelbaren Anreizen, sabotiert wird. Es entsteht ein Konflikt, auch intertemporaler Entscheidungskonflikt genannt, in der eine Person zwischen einer kleinen sofort verfügbaren und einer größeren erst später zu erlangenden Belohnung entscheiden muss. Beispielsweise wenn eine Person als langfristiges Ziel schlank und gesund bleiben wollen würde aber ein starkes Verlangen nach einem kalorienreichen Dessert auftaucht. (Lay, 2016, S. 263)

Um diesen Konflikt erklären zu können, muss erst zwischen Motivation und Volition unterschieden werden. Motivation beschreibt den Prozess der Zielsetzung („goal setting"). Je nach Erwartung, Wert und Erreichbarkeit der verfügbaren Optionen wird ein Ziel ausgewählt und dieses Ziel wird festgesetzt. Somit ist die Motivation zu handeln durch die Wünschbarkeit und deren Realisierbarkeit bestimmt. (Heckhausen & Heckhausen, 2018, S. 361) Dieses motivierte Handeln ist ein ständiger Selektionsprozess, in dem dauernd eine alternative Handlungsoption vorhanden ist. Wie kommt es dann zu einer Handlung? Wie wird zwischen den Zielen ausgewählt und nach welchen Kriterien? (Bak, 2019, S. 115)

Hier kommt die Volition ins Spiel. Volition ist das Zielstreben („goal striving") und bezieht sich auf alle Prozesse des Erreichens und Umsetzen von den gesetzten Zielen. (Heckhausen & Heckhausen, 2018, S. 261) Volitionale Prozesse unterstützen die Realisierung der Ziele (Zielrealisierung), insbesondere wenn diese gegen konkurrierende Gewohnheiten oder Motivationstendenzen durchgesetzt werden müssen. (Lay, 2016, S. 264) Diesbezüglich wurden Mitte der 1980-er Jahre zwei Theorien formuliert, um das theoretische Problem, welches die klassische Erwartung-Wert-Theorie der Motivationspsychologie nicht erklären kann, weshalb Menschen trotz realisierbarer Ziele, diese nicht umsetzten, zu erklären. (Brandstätter et al., 2018, S. 142)

Die deutschen Psychologen Heinz Heckhausen und Peter M. Gollwitzer entwickelten im Jahr 1987 das Rubikon-Modell. Dieses Modell beschreibt den Prozess, wie wir von der Absicht in die Handlung kommen und gesetzte Ziele erreichen können. Den Namen bekommt das Modell von dem Fluss Rubikon, welches im Jahre 49 v.Chr. die Grenze zwischen Italien und der römischen Provinz Gallia Cisalpina setzte. Der Grund der Namensgebung geht zurück auf eine historische Begebenheit. Julius Caesar entschied sich den Rubikon zu überschreiten mit dem Wissen, dass es kein Zurück mehr gab. Infolgedessen brach ein Bürgerkrieg zwischen ihm und Pompeius aus. Somit wird das Modell zur Beschreibung einer Entscheidung für eine der Handlungsmöglichkeiten, für die es kein umentscheiden mehr möglich ist, genutzt. (Eremit, 2015, S. 44)

Im Rubikon-Modell gibt es vier Handlungsphasen: Abwägen, Planen, Handeln und Bewerten. In diesem Modell werden diese Fragen beantwortet:

- Wie wählt ein Handelnder seine Ziele aus?

- Wie plant er deren Realisierung?

- Wie führt er diese Pläne durch?

- Wie bewertet er seine Bemühungen um die Erreichung seines Handlungsziels? (Heckhausen & Heckhausen, 2018)

Das Abwägen ist die erste Phase und wird auch prädezisionale Handlungsphase genannt. In dieser Phase muss der Handelnde darüber klar werden, welche Wünsche und Anliegen in die Tat umgesetzt werden sollen. Da die Person nicht alle Wünsche realisieren kann, ist sie dazu gezwungen sich, um einige zu entscheiden und diese verbindlich umzusetzen. Deswegen werden die Wünschbarkeit und Realisierbarkeit der verschiedenen Wünsche gegeneinander abgewogen. Hinsichtlich der Realisierbarkeit werden folgende Fragen gestellt:

- Kann man die erwünschten Ereignisse durch eigenes Handeln herbeiführen (Handlungs-Ergebnis-Erwartung)?

- Spielt der situative Kontext, in den man sich eingebunden fühlt, hierbei eine positive oder eine negative Rolle (Situations-Ergebnis-Erwartung)?

- Stehen sowohl die zur Realisierung des Wunsches nötige Zeit als auch die Mittel zur Verfügung?

- Werden sich evtl. günstige Gelegenheiten anbieten? (Heckhausen & Heckhausen, 2018, S. 358)

Bezüglich der Wünschbarkeit stellt sich der Handelnde diese Fragen:

- „Wenn ich tatsächlich versuche, dieses Ziel zu erreichen, welche kurz- und langfristigen Konsequenzen kommen dann auf mich zu?"
- „Wie positiv bzw. negativ können diese Konsequenzen für mich sein?"
- „Wie hoch ist die Wahrscheinlichkeit, dass diese Konsequenzen auch wirklich eintreten werden?" (Heckhausen & Heckhausen, 2018, S. 358)

Am Ende dieses Abwägeprozesses wird ein verbindliches Ziel gesetzt (Zielintention). Dabei entsteht ein Gefühl der Verpflichtung das gewählte Ziel auch umzusetzen. Der „Rubikon" wird überschritten. Diese Phase ist eine motivationale Phase. Mit dem Überschreiten des Rubikon beginnt die volitionale Phase. (Heckhausen & Heckhausen, 2018, S. 359)

Die nächste Phase ist die präaktionale Phase (Planen). In dieser Phase wartet der Handelnde auf eine günstige und geeignete Gelegenheit, um dem gesetzten Ziel näher zu kommen. Es werden Pläne entwickelt, wann, wo und auf welche Art und Weise das Ziel umgesetzt werden kann. Die geplanten Verhaltensweisen können bereits routiniert und bekannte oder neue, noch nie ausgeübte Verhaltensweisen sein. Diese Pläne nennt man Vorsätze oder Durchführungsintentionen. Je nachdem wie stark das Gefühl der Verpflichtung an das Ziel, desto höher ist die Volitionsstärke. (Heckhausen & Heckhausen, 2018, S. 359–360)

Die dritte Phase ist die aktionale Phase (Handeln). Hier wird das in der 1. Phase gesetzte Ziel und in der 2. Phase gefassten Pläne in die Tat umgesetzt. Den Übergang zur aktionalen Phase ist die Handlungsinitiierung. Durch beharrliches Verfolgen der Zielrealisierung, was durch Schwierigkeiten zur Anstrengungssteigerung führt wird die Zielrealisierung ermöglicht. Die bereits genannte Volitionsstärke bestimmt den Grenzwert der Anstrengungsbereitschaft. Der Handlungsverlauf wird durch mentale Repräsentation des Ziels gesteuert. (Heckhausen & Heckhausen, 2018, S. 360)

Die letzte Phase ist die postaktionale Phase (Bewerten). Diese Phase beginnt erst nach der Zielerreichung, d.h. sie tritt nach dem Abschluss der auf die Realisierung des Ziels gerichteten Handlungen ein. Es beginnt hiermit wieder ein motivationales Handeln, indem die Ergebnisse der realisierten Pläne angesichts der gesetzten Ziele bewertet werden:

- „Wie gut habe ich es geschafft, dieses Ziel zu erreichen?"

- „Sind die erhofften positiven Konsequenzen meines Handelns auch wirklich eingetroffen?"

- „Kann ich meine Handlungsintention nun als erledigt betrachten?"

- „Ist es notwendig, bei Nichterreichen des Ziels dieses weiterhin und möglicherweise mit anderen Mitteln zu verfolgen?"

Ist der Handelnde zufrieden mit dem vorliegenden Handlungsergebnis, dann wrd das Ziel deaktiviert. Entspricht das Ergebnis nicht dem erwünschten Ziel, dann findet eine Anpassung durch Senkung des Anspruchsniveaus statt. Oder es können neue Handlungsweisen in Angriff genommen werden, um das Ziel in einer anderen Art und Weise zu erreichen. Am effektivsten ist es jedoch, dass der Handelnde sich ein neues Ziel setzt. (Heckhausen & Heckhausen, 2018, S. 360–361)

Für jede der beschriebenen Phasen braucht es eine kognitive Orientierung zur Bewältigung der jeweiligen Aufgabe. In der ersten Phase (abwägenden Phase) wird die Aufnahme und Verarbeitung von Informationen über Anreize (Wünschbarkeit) und Erwartungen (Realisierbarkeit) erfordert. Es werden positive und negative Konsequenzen möglicher Handlungsergebnisse durchdacht und die Realisierbarkeit eingeschätzt. (Heckhausen & Heckhausen, 2018, S. 362)

In der planenden Bewusstseinslage werden zielfördernde Informationen besonders effektiv aufgenommen. Damit nur für die Realisierung des Ziels erforderliche Informationen verarbeitet werden, kommt es gleichzeitig zu einer Verengung der Aufmerksamkeit. (Heckhausen & Heckhausen, 2018, S. 362–363)

In der aktionalen Bewusstseinslage ist der Handelnde vollständig mit der Handlung selbst beschäftigt. Gedanken und Umweltreize, die den Handlungsablauf unterbrechen könnten oder zu einer Neubewertung der Ziele oder einer Selbstbewertung führen könnte, müssen ignoriert werden. Somit werden diese Informationen entweder gar nicht aufgenommen oder nicht analysiert. Es werden nur Inforationen verarbeitet, die direkt die Realisierung des Ziels betrifft. (Heckhausen & Heckhausen, 2018, S. 363)

Zuletzt in der bewertenden Bewusstseinslage werden nur Informationen aufgenommen, die für die Einschätzung und der Wünschbarkeit der erzielten Ergebnisse dienen. Die Informationsverarbeitung muss hierbei unparteiisch, objektiv und genau durchgeführt werden. (Heckhausen & Heckhausen, 2018, S. 363)

Handlungskontrollstrategien nach Kuhl anhand eines Beispiels

Handlungskontrollstrategien von Kuhl sind volitionspsychologische Theorien. Diese Strategien dienen der Abschirmung von Absichten gegen konkurrierender Motivationstendenzen und der Unterstützung selbstkontrollierten Verhaltens. (Lay, 2016, S. 267) Es gibt fünf Kontrollstrategien, die eingesetzt werden: Aufmerksamkeitskontrolle, Enkodierungskontrolle, Motivationskontrolle, Emotionskontrolle und die Umweltkontrolle.

Durch die Aufmerksamkeitskontrolle wird die Aufmerksamkeit nur auf solche Informationen fokussiert, die für die Zielrealisierung förderlich sind, wie z.B. das Achten auf versöhnliche Signale in der Mimik des Gesprächspartners in einem Konfliktgespräch. Durch die Enkodierungskontrolle werden nur Merkmale der Reize, die für das aktuelle Ziel relevant sind, abgespeichert. Es werden nur die Inhalte in einem Text gespeichert, welche relevant für ein zu haltendes Referat sind. Werden nur die positiven Anreize eines Ziels vergegenwärtigt, wie man z.B. nur an die schönen Zeiten der Zielerreichung denkt. Das nennt man die Motivationskontrolle. Versetzt man sich in einen emotionalen Zustand, der der

Zielrealisierung dienlich ist, dann ist das die Emotionskontrolle. Das ist beispielsweise sich durch eine angenehme Aktivität emotional in einen besseren Zustand versetzen bei einem Misserfolg. Durch die Umweltkontrolle werden ablenkende Reize aus der Umgebung entfernt, wie z.B. beim Lernen das Handy auszuschalten, um nicht gestört zu werden. (Brandstätter et al., 2018, S. 149)

Ob diese Handlungsstrategien aktiv bzw. bewusst oder passiv bzw. automatisch eingesetzt werden, ist abhängig von dem Kontrollzustand einer Person. Dies hängt wiederum von äußerlichen Umständen und von der persönlichen Disposition der Person ab. Den Kontrollzustand unterscheidet man als Handlungsorientierung oder Lageorientierung. Im Zustand der Handlungsorientierung werden Handlungskontrollstrategien auf konkrete Handlungsanforderungen flexibel und erfolgreich angewandt. Bei der Lageorientierung verfällt die Person jedoch in negative Gedanken und der Einsatz der Kontrollstrategien versagt. (Brandstätter et al., 2018, S. 149)

Ein Beispiel zur Veranschaulichung der Handlungskontrollstrategien ist der Marshmallow-Test. Dieser Test wurde erstmals 1974 von Walter Mischel durchgeführt. Vorschulkinder wurden vor die Wahl gestellt, eine kleine Belohnung, also ein Marshmallow sofort zu erhalten oder eine größere Belohnung, also zwei Marshmallow später zu erhalten. Vorschulkinder wurden im Raum allein gelassen und ihnen wurde die Anweisung gegeben, dass wenn sie die kleine Belohnung haben wollen, klingeln sollen. Wenn sie die größere Belohnung haben wollen, dann mussten sie warten bis der Versuchsleiter von sich aus zurückkommt. Diese Situation hat den Kindern eine große Willenskraft gekostet. Während die Kinder warteten, rutschten sie auf ihrem Stuhl hin und her, machten die Augen zu, blinzelten und sahen insgeheim zum Marshmallow oder rochen daran. Hier wurde die Wartezeit der Kinder gemessen, wie lange sie es durchhalten. Je älter die Kinder waren, desto länger war die Wartezeit. Es gab auch eine Korrelation mit der erfolgreichen Lebensbewältigung im Teenagealter. Die Kontrollstrategien, die die Kinder hier nutzten, sind z.B. die Aufmerksamkeit auf etwas anderes lenken, an andere angenehme Dinge denken oder das Objekt im Kopf umzudenken. (Brandstätter et al., 2018, S. 148)

Literaturverzeichnis

Bak, P. M. (2019). *Lernen, Motivation und Emotion. Allgemeine Psychologie II - das Wichtigste, prägnant und anwendungsorientiert* (Lehrbuch). Berlin, Heidelberg: Springer. Verfügbar unter: http://www.springer.com/

Becker-Carus, C. & Wendt, M. (2016). *Allgemeine Psychologie. Eine Einführung.* Berlin: Springer. Verfügbar unter: http://www.springer.com/

Brandstätter, V., Schüler, J., Puca, R. M. & Lozo, L. (2018). *Motivation und Emotion. Allgemeine Psychologie für Bachelor: mit 33 Abbildungen und 9 Tabellen* (Springer-Lehrbuch, 2. Auflage). Berlin, Heidelberg: Springer. https://doi.org/10.1007/978-3-662-56685-5

Eremit, B. (2015). *Individuelle Persönlichkeitsentwicklung. Quick Finder - Die wichtigsten Tools im Business Coaching.* Wiesbaden: Springer Fachmedien Wiesbaden. Verfügbar unter: http://gbv.eblib.com/patron/FullRecord.aspx?p=4179396

Heckhausen, J. & Heckhausen, H. (Hrsg.). (2018). *Motivation und Handeln* (Springer-Lehrbuch, 5., überarbeitete und erweiterte Auflage). Berlin: Springer. https://doi.org/10.1007/978-3-662-53927-9

Lay, M. (2016). *Allgemeine Psychologie* (3. Aufl. 2017). Berlin, Heidelberg: Springer Berlin Heidelberg.

Schmidt-Atzert, L., Peper, M. & Stemmler, G. (2014). *Emotionspsychologie. Ein Lehrbuch* (Kohlhammer Standards Psychologie, 2., vollständig überarbeitete und erweiterte Auflage). Stuttgart: Verlag W. Kohlhammer. Verfügbar unter: http://d-nb.info/1034214713/04

Schulz, A. & Schöllgen, I. (2017). Emotionsarbeit – Ein Review zu Gestaltungsaussagen. *Zeitschrift für Arbeitswissenschaft, 71*(1), 26–38. https://doi.org/10.1007/s41449-017-0046-y

Wild, E. & Möller, J. (Hrsg.). (2020). *Pädagogische Psychologie* (Lehrbuch, 3., vollständig überarbeitete und aktualisierte Auflage). Berlin: Springer. Verfügbar unter: http://www.springer.com/